Impressum
Verlag: BABADADA GmbH, Nedderfeld 112 , 22529 Hamburg
Geschäftsführer / Verlagsleitung: Harald Hof
Druck: Books on Demand GmbH, In de Tarpen 42, 22848 Norderstedt

Imprint
Publisher: BABADADA GmbH, Nedderfeld 112 , 22529 Hamburg, Germany
Managing Director / Publishing direction: Harald Hof
Print: Books on Demand GmbH, In de Tarpen 42, 22848 Norderstedt, Germany

ysgol
школа

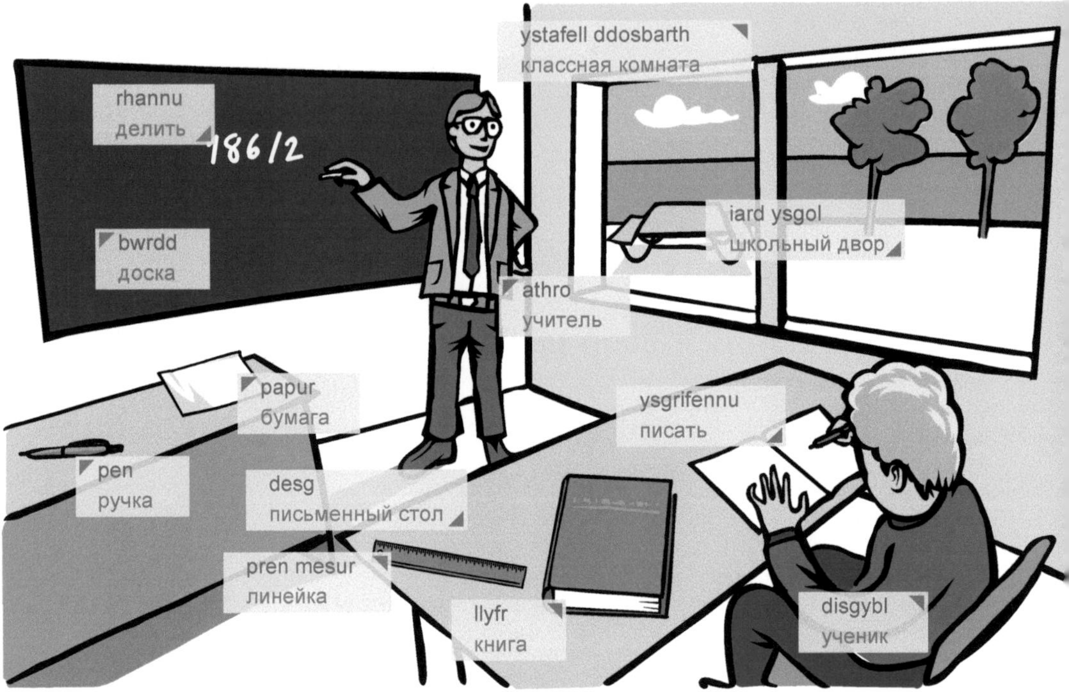
ystafell ddosbarth
классная комната
rhannu
делить
186/2
bwrdd
доска
iard ysgol
школьный двор
athro
учитель
papur
бумага
ysgrifennu
писать
pen
ручка
desg
письменный стол
pren mesur
линейка
llyfr
книга
disgybl
ученик

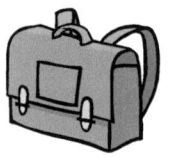

bag ysgol

ранец

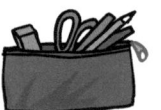

blwch penseli

пенал

pensil

карандаш

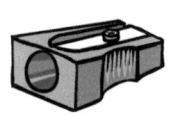

peth rhoi min ar bensil

точилка

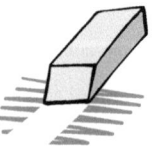

rwber

ластик

pad arlunio

альбом для рисования

llun

рисунок

brws paent

кисточка

blwch paent

коробка красок

siswrn

ножницы

glud

клей

llyfr ysgrifennu

тетрадь

gwaith cartref

домашняя работа

rhif

цифра

2+2

ychwanegu

прибавлять

5-2

tynnu

вычитать

2×2

lluosi

умножать

cyfrifo

считать

A

llythyren

буква

ABCDEFG
HIJKLMN
OPQRSTU
VWXYZ

gwyddor

алфавит

gair

слово

testun

текст

darllen

читать

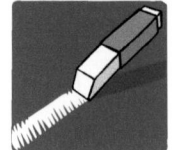

sialc

мел

gwers

урок

cofrestr

классный журнал

arholiad

экзамен

tystysgrif

диплом

gwisg ysgol

школьная форма

addysg

образование

gwyddoniadur

энциклопедия

prifysgol

университет

microsgop

микроскоп

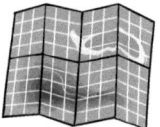

map

карта

basged papur gwastraff

корзина для бумаг

teithio

путешествие

gwesty
гостиница
Grand
hostel
турбаза
ROOMS
swyddfa gyfnewid
пункт обмена валюты
cês dillad
чемодан
car
автомобиль

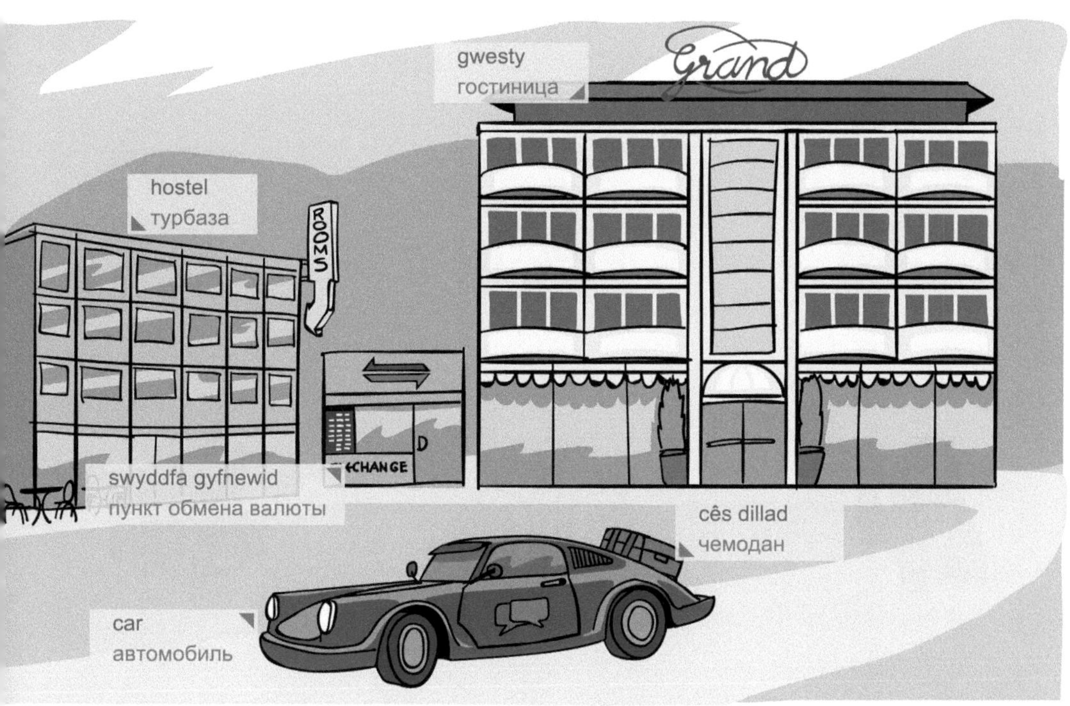

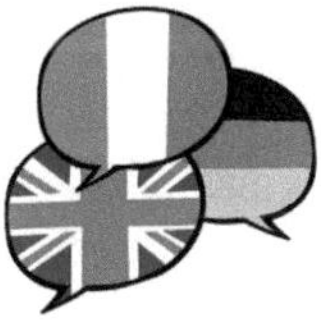

iaith

язык

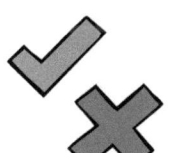

ie / na

да / нет

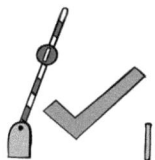

iawn

хорошо

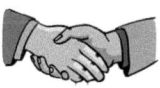

helo

Привет

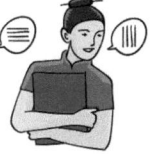

cyfieithydd

переводчик

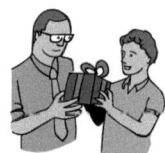

Diolch yn fawr

Спасибо

faint yw ...?

Сколько стоит...?

Dw i ddim yn deall

Я не понимаю

problem

проблема

Noswaith dda!

Добрый вечер!

Bore da!

Доброе утро!

Nos da!

Доброй ночи!

hwyl

До свидания

cyfarwyddyd

направление

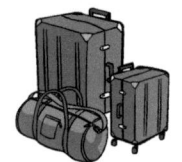

bagiau

багаж

bag

сумка

gwarbac

рюкзак

gwestai

гость

ystafell

комната

sach gysgu

спальный мешок

pabell

палатка

gwybodaeth i ymwelwyr

туристическая информация

traeth

пляж

cerdyn credyd

кредитная карточка

brecwast

завтрак

cinio

обед

swper

ужин

tocyn

билет

lifft

лифт

stamp

почтовая марка

ffin

граница

tollau

таможня

llysgenhadaeth

посольство

fisa

виза

pasbort

паспорт

cludiant
транспорт

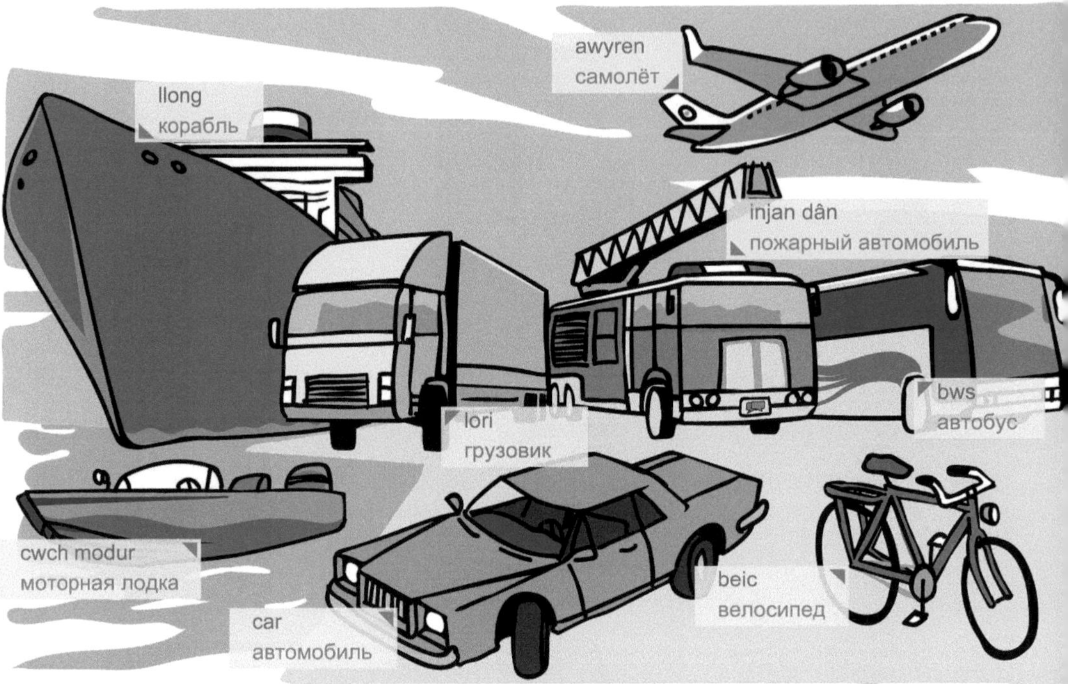

awyren
самолёт

llong
корабль

injan dân
пожарный автомобиль

bws
автобус

lori
грузовик

cwch modur
моторная лодка

beic
велосипед

car
автомобиль

fferi
паром

cwch
лодка

beic modur
мотоцикл

car yr heddlu
полицейский автомобиль

car rasio
гоночный автомобиль

car wedi'i rentu
арендованный
автомобиль

rhannu car

совместное пользование
автомобилями

lori tynnu

буксировочный
автомобиль

lori ysbwriel

мусоровоз

modur

двигатель

tanwydd

топливо

gorsaf betrol

заправка

arwydd traffig

дорожный знак

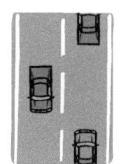

traffig

движение

tagfa draffig

пробка

maes parcio

автостоянка

gorsaf drennau

вокзал

traciau

рельсы

trên

поезд

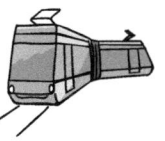

tram

трамвай

wagen

вагон

hofrennydd

вертолёт

maes awyr

аэропорт

tŵr

вышка

teithiwr

пассажир

cynhwysydd

контейнер

paced

коробка

cert

тележка

basged

корзина

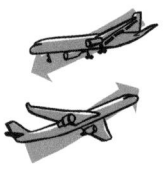

esgyn / glanio

взлетать / приземляться

dinas

город

pentref

деревня

canol y ddinas

центр города

tŷ

дом

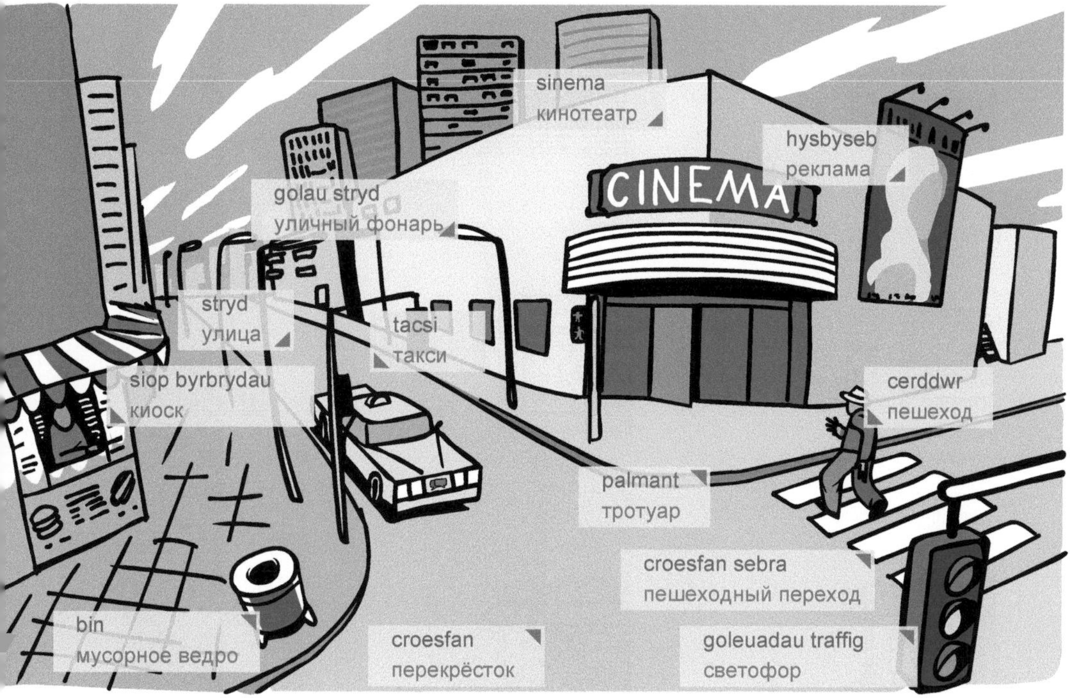

sinema
кинотеатр

hysbyseb
реклама

golau stryd
уличный фонарь

stryd
улица

tacsi
такси

siop byrbrydau
киоск

cerddwr
пешеход

palmant
тротуар

croesfan sebra
пешеходный переход

bin
мусорное ведро

croesfan
перекрёсток

goleuadau traffig
светофор

CINEMA

cwt
хижина

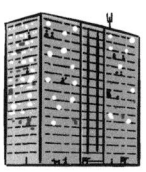

fflat
квартира

gorsaf drennau
вокзал

neuadd y dref
ратуша

amgueddfa
музей

ysgol
школа

prifysgol

университет

banc

банк

ysbyty

больница

gwesty

гостиница

fferyllfa

аптека

swyddfa

офис

siop lyfrau

книжный магазин

siop

магазин

siop flodau

цветочный магазин

archfarchnad

супермаркет ·

farchnad

рынок

siop adrannol

универмаг

siop bysgod

торговец рыбой

canolfan siopa

торговый центр

harbwr

порт

parc

парк

banc

скамейка

pont

мост

grisiau

лестница

rheilffordd danddaearol

метро

twnnel

тоннель

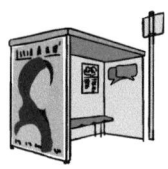

safle bws

автобусная остановка

bar

бар

bwyty

ресторан

blwch post

почтовый ящик

arwydd stryd

табличка с названием
улицы

mesurydd parcio

паркометр

sŵ

зоопарк

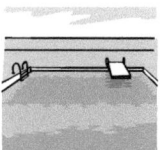

pwll nofio

бассейн

mosg

мечеть

ff…rm

ферма

llygredd

загрязнение окружающей среды

mynwent

кладбище

eglwys

церковь

maes chwarae

детская площадка

teml

храм

tirwedd

ландшафт

deilen
лист

arwydd cyfeirio
дорожный указатель

ffordd
дорога

dôl
луг

carreg
камень

coeden
дерево

heiciwr
путешественник

afon
река

glaswellt
трава

blodyn
цветок

cwm

долина

bryn

гора

llyn

озеро

coedwig

лес

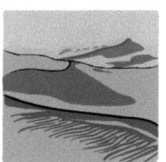

anialwch

пустыня

llosgfynydd

вулкан

castell

замок

enfys

радуга

madarchen

гриб

palmwydden

пальма

mosgito

комар

pryf

муха

morgrugyn

муравей

gwenyn

пчела

pryf copyn

паук

chwilen

жук

llyffant

лягушка

gwiwer

белка

draenog

еж

ysgyfarnog

заяц

tylluan

сова

aderyn

птица

alarch

лебедь

baedd

кабан

carw

олень

elc

лось

argae

плотина

tyrbin gwynt

ветряной генератор

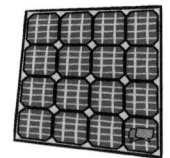

panel haul

солнечная батарея

hinsawdd

климат

bwyty

ресторан

gweinydd
официант
bwydlen
меню
cadair
стул
cawl
суп
pitsa
пицца
cyllyll a ffyrc
столовые приборы
lliain bwrdd
скатерть

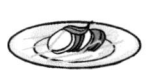

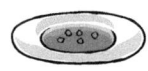

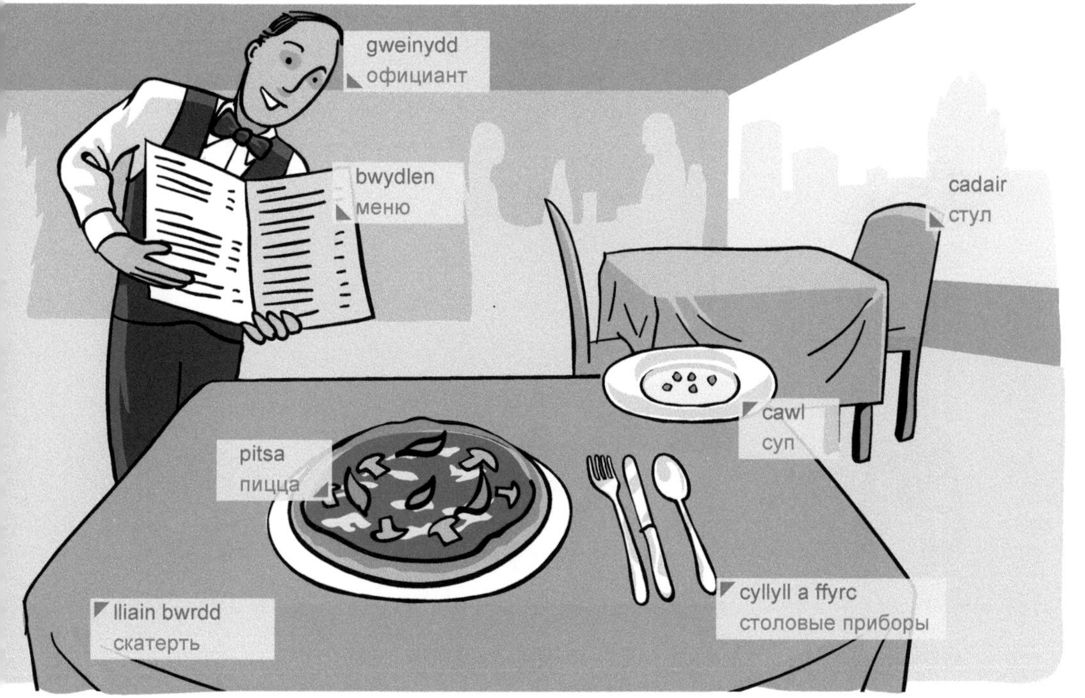

cwrs cyntaf

закуска

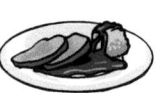

prif gwrs

главное блюдо

pwdin

десерт

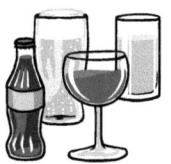

diodydd

напитки

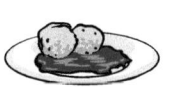

bwyd

еда

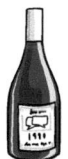

potel

бутылка

bwyd cyflym

фастфуд

bwyd y stryd

уличная еда

tebot

чайник

powlen siwgr

сахарница

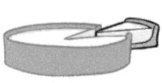

dogn

порция

peiriant espresso

кофеварка

cadair plentyn

детский стульчик

bil

счет

hambwrdd

поднос

cyllell

нож

fforc

вилка

llwy

ложка

llwy de

чайная ложка

napcyn

салфетка

gwydr

стакан

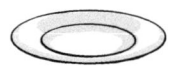

plât

тарелка

plât cawl

суповая тарелка

soser

блюдце

saws

соус

pot halen

солонка

melin bupur

мельница для перца

finegr

уксус

olew

масло

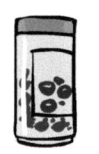

sbeisys

специи

saws coch

кетчуп

mwstard

горчица

mayonnaise

майонез

archfarchnad

супермаркет

cynnig arbennig
специальное предложение
FOR
cwsmer
покупатель
cynnyrch llaeth
молочные продукты
ffrwythau
фрукты
troli
тележка для покупок

BUTCHERS

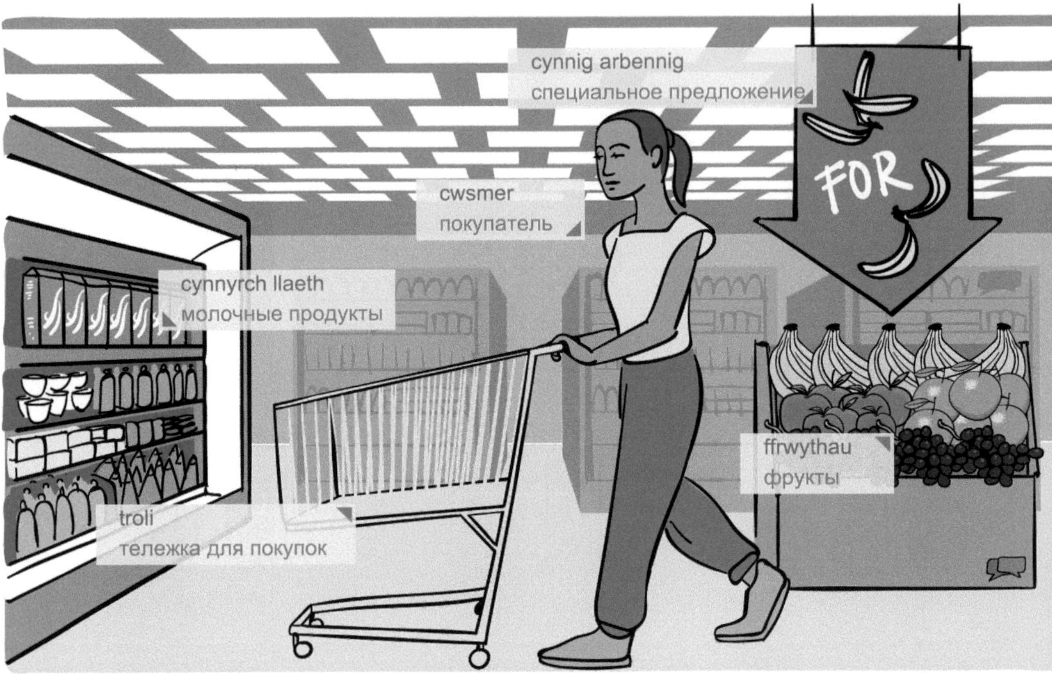

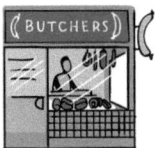

siop gig

мясной магазин

BAKERY

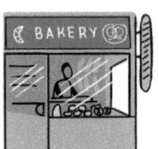

siop fara

пекарня

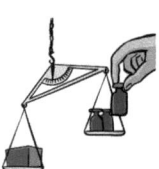

pwyso

взвешивать

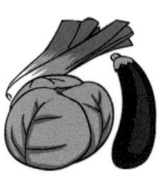

llysiau

овощи

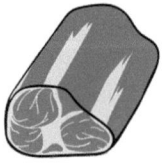

cig

мясо

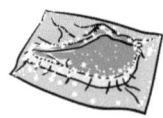

Bwyd wedi'i rewi

быстрозамороженные продукты

cig oer

нарезка

bwyd tun

консервы

powdr golchi

стиральный порошок

da-da

сладости

cynnyrch cartref

предмет домашнего обихода

cynhyrchion glanhau

моющее средство

gwerthwraig

продавщица

til

касса

ariannwr

кассир

rhestr siopa

список покупок

oriau agor

время работы

waled

бумажник

cerdyn credyd

кредитная карточка

bag

сумка

bag plastig

полиэтиленовый пакет

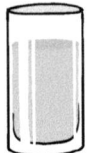

dŵr

вода

sudd

сок

llefrith

молоко

côc

кока-кола

gwin

вино

cwrw

пиво

alcohol

алкоголь

coco

какао

te

чай

coffi

кофе

espresso

эспрессо

cappuccino

капучино

ffrwchledd

банан

afal

яблоко

oren

апельсин

melon

арбуз

lemwn

лимон

moronen

морковь

garlleg

чеснок

bambŵ

бамбук

nionyn

лук

madarchen

гриб

cnau

орехи

nwdls

лапша

sbageti

спагетти

reis

рис

salad

салат

sglodion

картофель фри

tatws wedi'u ffrïo

жареный картофель

pitsa

пицца

hambyrger

гамбургер

brechdan

сэндвич

cytled

шницель

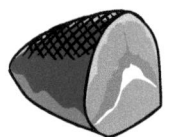

ham

ветчина

salami

салями

selsig

колбаса

cyw iâr

курица

rhost

жаркое

pysgodyn

рыба

ceirch uwd

овсяные хлопья

miwsli

мюсли

creision ŷd

кукурузные хлопья

blawd

мука

croissant

круассан

bynsen

булочка

bara

хлеб

tost

тост

bisgedi

печенье

menyn

масло

ceuled

творог

teisen

пирог

wy

яйцо

wy wedi'i ffrïo

яичница

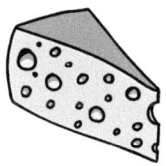

caws

сыр

hufen iâ

мороженое

siwgr

сахар

mêl

мёд

jam

мармелад

siocled taenu

крем с нугой

cyri

карри

ffermdy
крестьянский дом

bwrn gwellt
тюк из соломы

ysgubor
сарай

maes
поле

ceffyl
лошадь

ôl-gerbyd
прицеп

tractor
трактор

ebol
жеребёнок

asyn
осёл

dafad
овца

oen
ягнёнок

gafr

коза

buwch

корова

llo

телёнок

mochyn

свинья

porchell

поросёнок

tarw

бык

gwydd
гусь

hwyaden
утка

cyw
цыплёнок

iâr
курица

ceiliog
петух

llygoden fawr
крыса

cath
кошка

llygoden
мышь

ych
вол

ci
собака

cwt ci
конура

pibell ddŵr
садовый шланг

can dŵr
лейка

pladur
коса

aradr
плуг

 fferm - ферма

cryman

серп

fforch chwynu

мотыга

picwarch

навозные вилы

bwyell

топор

berfa

тачка

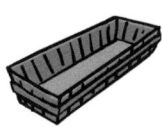

cafn

корыто

tun llefrith

бидон для молока

sach

мешок

ffens

забор

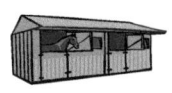

stabl

хлев

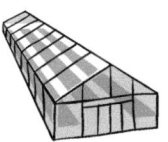

tŷ gwydr

теплица

pridd

почва

hedyn

посев

gwrtaith

удобрение

dyrnwr medi

комбайн

fferm - ферма

cynaeafu

собирать урожай

cynhaeaf

урожай

iamau

ямс

gwenith

пшеница

soi

соя

tysen

картофель

grawn

кукуруза

had rêp

рапс

coeden ffrwythau

фруктовое дерево

manioc

маниок

grawnfwydydd

злаки

simnai
дымоход

to
крыша

peipen law
водосточный желоб

ffenestr
окно

garej
гараж

cloch y drws
звонок

drws
дверь

bin sbwriel
мусорное ведро

blwch post
почтовый ящик

gardd
сад

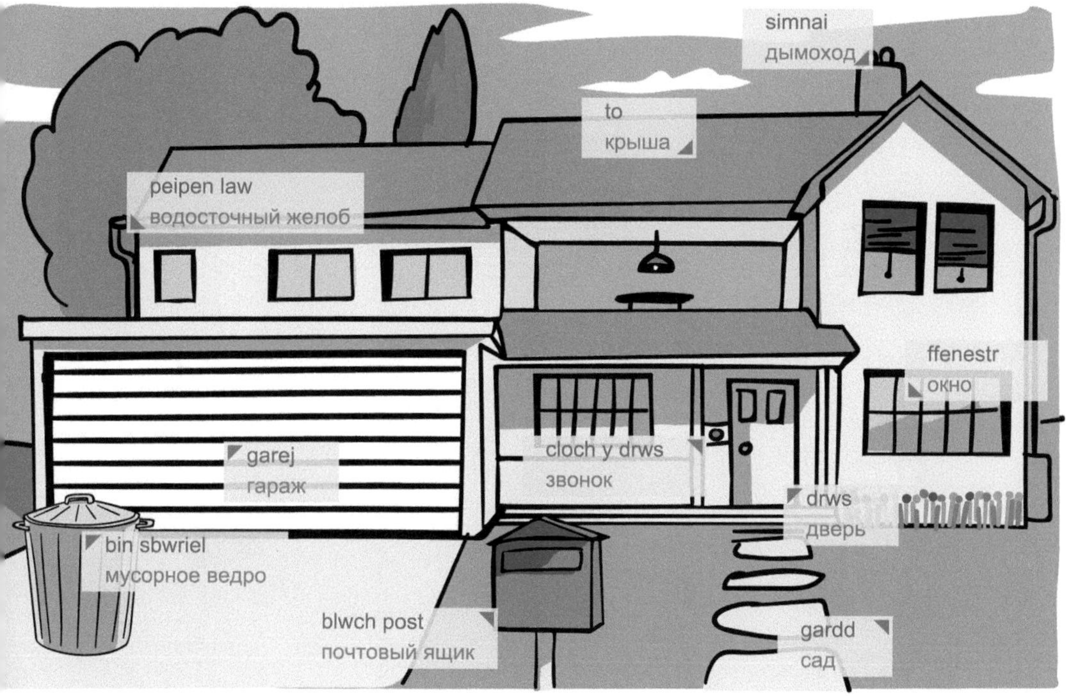

lolfa

гостиная

ystafell ymolchi

ванная комната

cegin

кухня

ystafell wely

спальня

ystafell plentyn

детская комната

ystafell fwyta

столовая

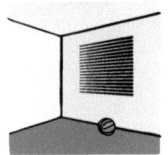

llawr
пол

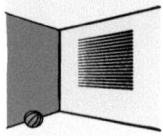

wal
стена

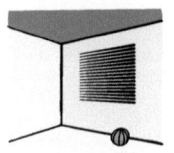

nenfwd
потолок

seler
подвал

sawna
сауна

balconi
балкон

teras
терраса

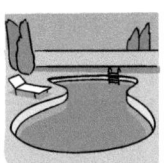

pwll
бассейн

peiriant torri gwair
газонокосилка

taflen
пододеяльник

gorchudd gwely
покрывало

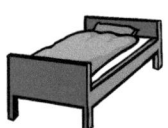

gwely
кровать

ysgub
метла

bwced
ведро

swits
выключатель

lolfa

гостиная

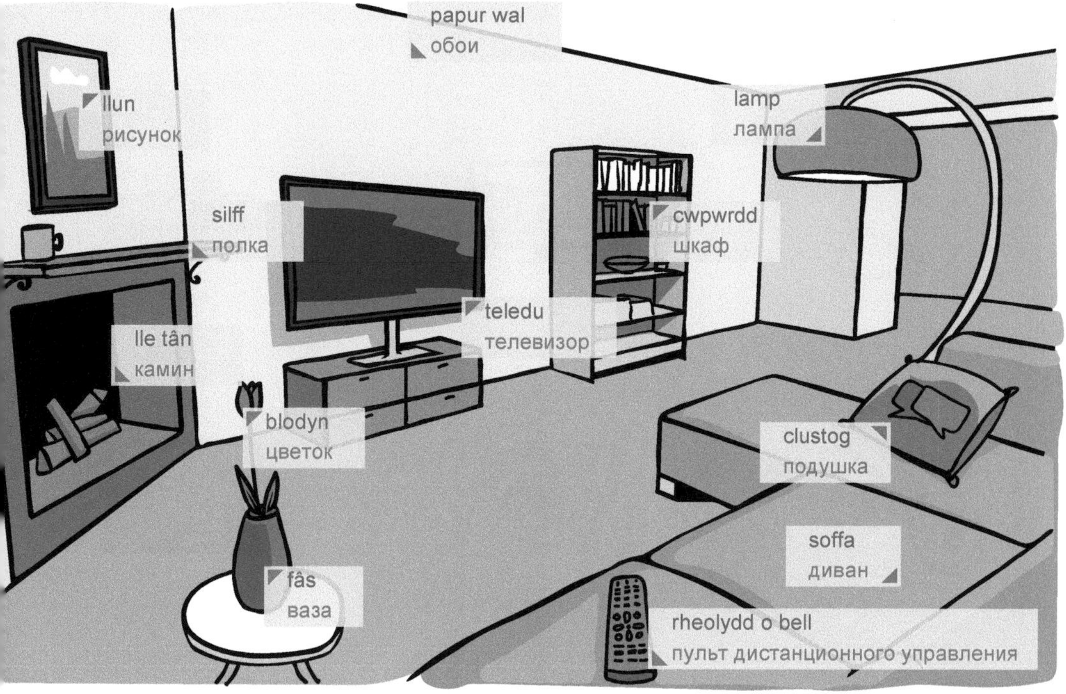
papur wal
обои
llun
рисунок
lamp
лампа
silff
полка
cwpwrdd
шкаф
teledu
телевизор
lle tân
камин
blodyn
цветок
clustog
подушка
soffa
диван
fâs
ваза
rheolydd o bell
пульт дистанционного управления

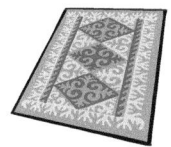

carped

ковёр

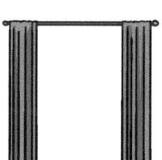

llen

штора

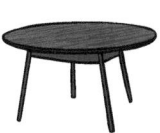

bwrdd

стол

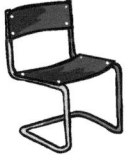

cadair

стул

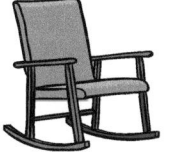

cadair siglo

кресло-качалка

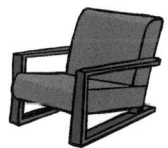

cadair freichiau

кресло

llyfr

книга

blanced

покрывало

addurn

украшение

coed tân

дрова

ffilm

фильм

hi-fi

стереосистема

agoriad

ключ

papur newydd

газета

darlun

картина

poster

плакат

radio

радио

llyfr nodiadau

блокнот

hwfer

пылесос

cactws

кактус

cannwyll

свеча

cegin
кухня

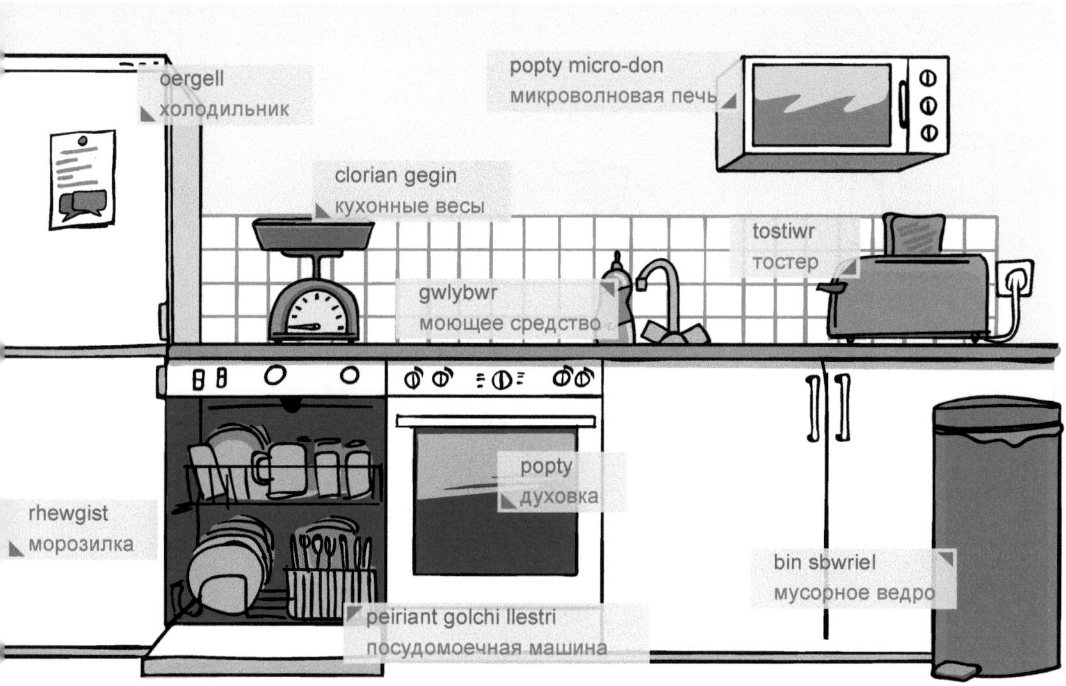
oergell
холодильник
popty micro-don
микроволновая печь
clorian gegin
кухонные весы
tostiwr
тостер
gwlybwr
моющее средство
popty
духовка
rhewgist
морозилка
bin sbwriel
мусорное ведро
peiriant golchi llestri
посудомоечная машина

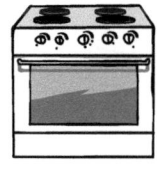

popty
плита

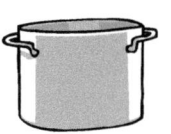

pot
кастрюля

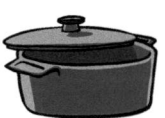

pot haearn bwrw
чугунный котелок

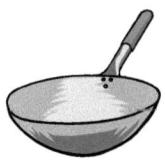

wok / kadai
вок / кадай

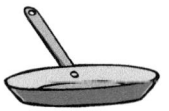

padell
сковорода

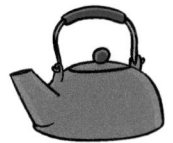

tegell
чайник

sosban stemio

пароварка

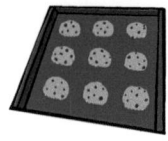

hambwrdd pobi

противень

llestri

посуда

mwg

кружка

powlen

миска

gweill bwyta

палочки для еды

lletwad

половник

ysbodol

лопатка

chwisg

сбивалка

hidlydd

сито

gogr

сито

gratiwr

тёрка

morter

ступка

barbeciw

гриль

tân agored

костёр

bwrdd torri cig

доска

rholbren

скалка

tynnwr corcyn

штопор

tun

жестяная банка

peth agor tuniau

консервный нож

clwt pot

прихватка

sinc

раковина

brws

щетка

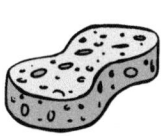

sbwng

губка

peiriant cymysgu

миксер

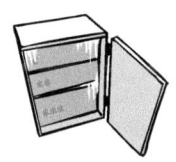

rhewgell

морозильная камера

potel babi

бутылочка для кормления

tap

кран

ystafell ymolchi
ванная комната

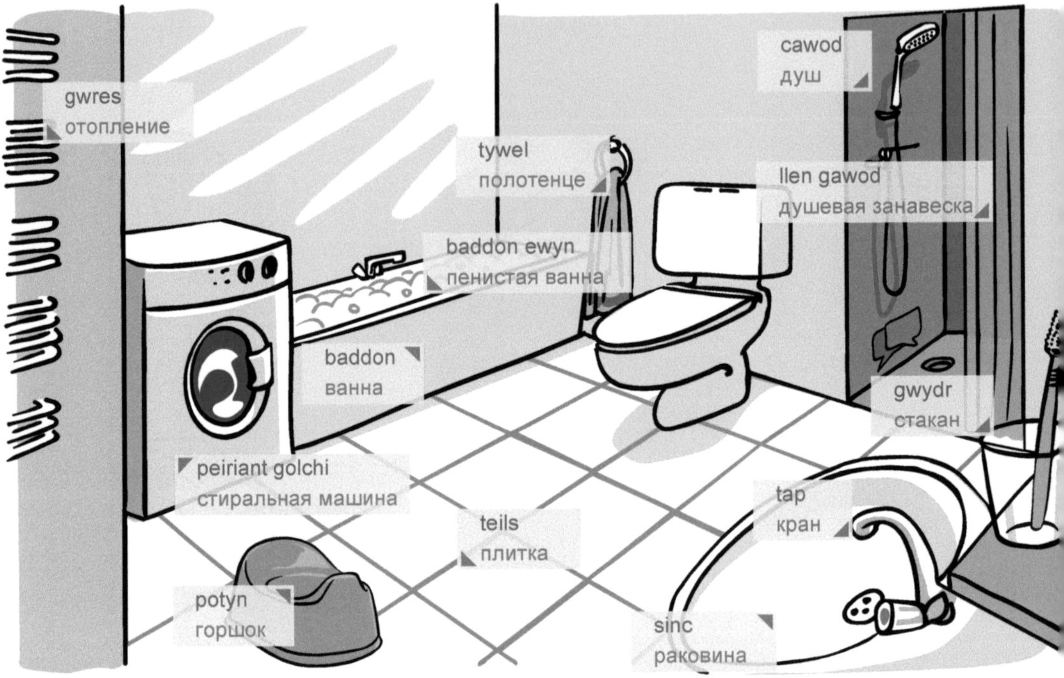
gwres
отопление
tywel
полотенце
cawod
душ
llen gawod
душевая занавеска
baddon ewyn
пенистая ванна
baddon
ванна
peiriant golchi
стиральная машина
gwydr
стакан
tap
кран
teils
плитка
potyn
горшок
sinc
раковина

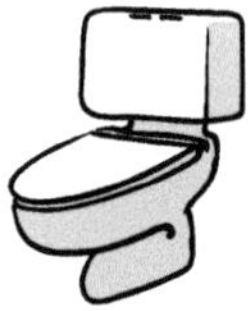

tŷ bach
туалет

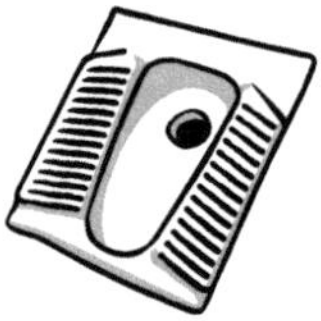

toiled cyrcydu
напольный унитаз

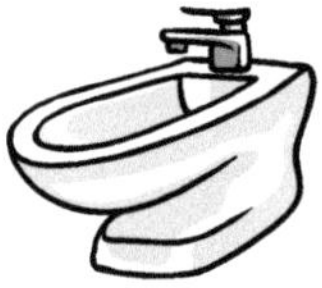

bidet
биде

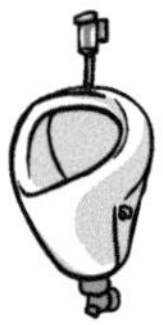

troethfa
писсуар

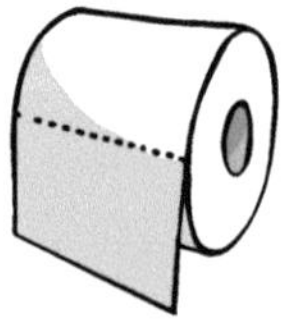

papur tŷ bach
туалетная бумага

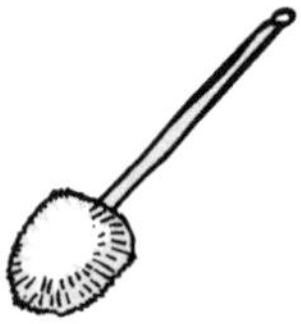

brws tŷ bach
ершик

brws dannedd

зубная щетка

past dannedd

зубная паста

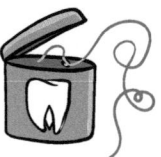

edau ddannedd

зубная нить

golchi

мыть

cawod llaw

ручной душ

golchfa

интимный душ

basn

таз

brws-ôl

щетка для спины

sebon

мыло

gel cawod

гель для душа

siampŵ

шампунь

gwlanen

мочалка

ffos

сток

hufen

крем

diaroglydd

дезодорант

drych

зеркало

drych llaw

ручное зеркало

rasel

бритва

ewyn eillio

пена для бритья

sent eillio

лосьон после бритья

crib

расческа

brws

щетка

sychwr gwallt

фен

chwistrell gwallt

лак для волос

colur

косметика

minlliw

губная помада

farnais ewinedd

лак для ногтей

gwlân cotwm

вата

siswrn ewinedd

маникюрные ножницы

persawr

духи

ystafell ymolchi - ванная комната

bag ymolchi

косметичка

stôl

табуретка

clorian

весы

gŵn baddon

халат

menig rwber

резиновые перчатки

tampon

тампон

tywel misglwyf

игиеническая прокладка

toiled cemegol

биотуалет

ystafell plentyn

детская комната

cloc larwm
будильник
tegan anwes
мягкая игрушка
car tegan
игрушечный автомобиль
cleciwr
погремушка
tŷ dol
кукольный домик
anrheg
подарок

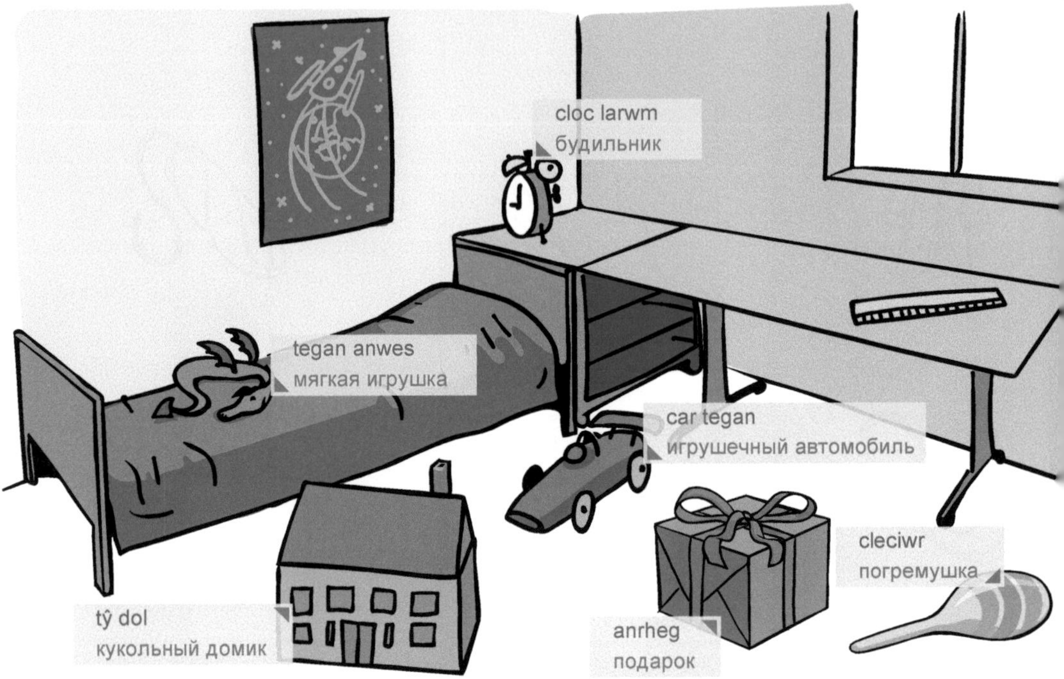

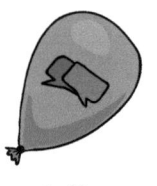

balŵn

воздушный шар

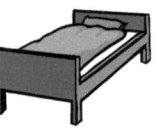

gwely

кровать

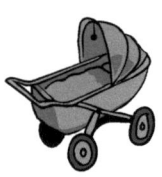

pram

детская коляска

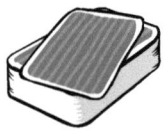

pecyn o gardiau

карточная игра

jig-so

пазл

SUPER MEGA

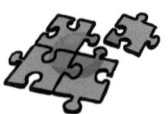

comic

комикс

brics Lego

кирпичики Лего

blociau adeiladu

кубики

ffigur gweithredu

игрушечная фигурка

babygro

ползунки

ffrisbi

фрисби

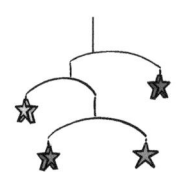

ffôn symudol

мобиле

gêm fwrdd

настольная игра

deis

кубик

set model trên

модель железной дороги

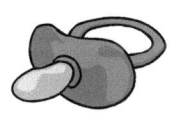

teth lwgu

соска

parti

вечеринка

llyfr lluniau

книга с картинками

pêl

мяч

dol

кукла

chwarae

играть

pwll tywod

песочница

swing

качели

teganau

игрушка

consol gemau fideo

игровая приставка

beic tair olwyn

трёхколесный велосипед

tedi

плюшевый медвежонок

cwpwrdd dillad

шкаф для одежды

dillad

одежда

hosanau

носки

hosanau

чулки

teits

колготки

sgarff
шарф

ymbarél
зонтик

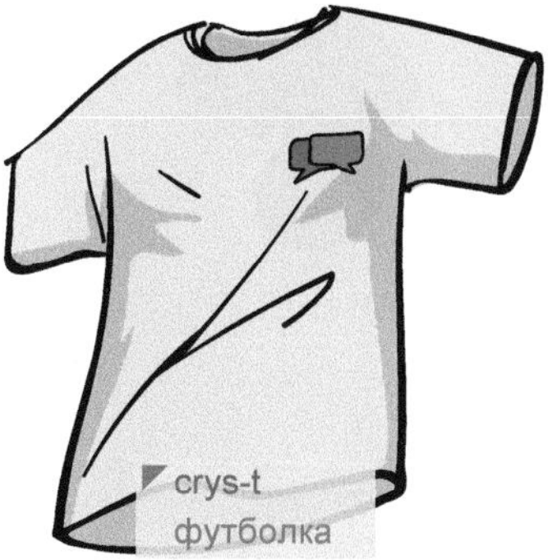

crys-t
футболка

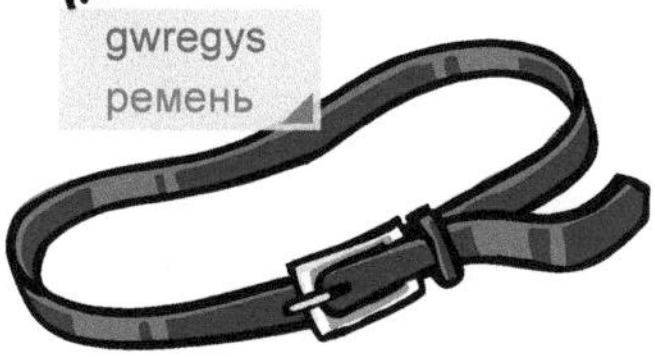

gwregys
ремень

esidiau ymarfer
кроссовки

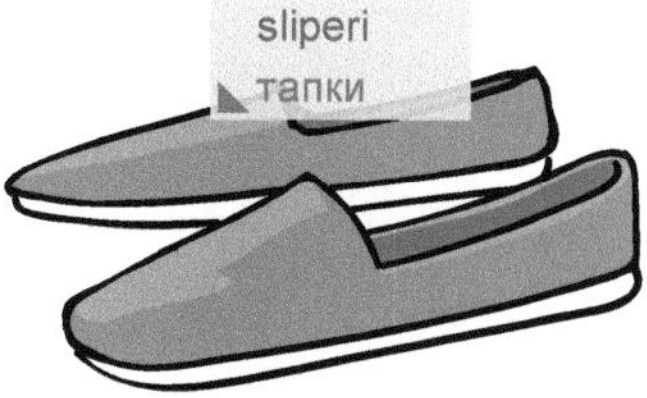

esgidiau
сапоги

sliperi
тапки

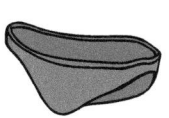

sandalau

сандалии

esgidiau

ботинки

esgidiau rwber

резиновые сапоги

trôns

трусы

bra

бюстгальтер

fest

майка

corff

боди

trowsus

брюки

jîns

джинсы

sgert

юбка

blows

блузка

crys

рубашка

pwlofer

свитер

hwdi

свитер

blaser

спортивная куртка

siaced

жакет

côt

пальто

côt law

плащ

gwisg

костюм

gŵn

платье

gwisg briodas

свадебное платье

siwt

мужской костюм

gŵn nos

ночная сорочка

pyjamas

пижама

sari

сари

sgarff pen

платок

tyrban

тюрбан

bwrca

паранджа

cafftan

кафтан

abaya

абайя

gwisg nofio

купальник

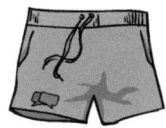

trowsus nofio

плавки

siorts

шорты

tracwisg

спортивный костюм

ffedog

фартук

menig

перчатки

botwm

пуговица

sbectol

очки

breichled

браслет

cadwyn

цепочка

modrwy

кольцо

clustdlws

серьга

cap

шапка

cambren

вешалка

het

шляпа

tei

галстук

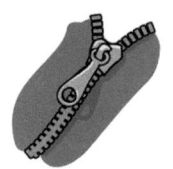

sip

застежка молния

helmed

шлем

fframiau danedd

подтяжки

gwisg ysgol

школьная форма

gwisg

форма

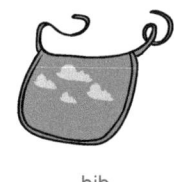

bib

детский нагрудник

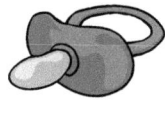

teth lwgu

соска

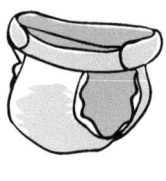

cewyn

подгузник

swyddfa

офис

gweinydd
сервер
cwrpwrdd ffeilio
канцелярский шкаф
argraffydd
принтер
papur
бумага
monitor
монитор
llygoden
мышь
desg
письменный стол
ffolder
папка
bysellfwrdd
клавиатура
basged papur gwastraff
корзина для бумаг
cyfrifiadur
компьютер
cadair
стул

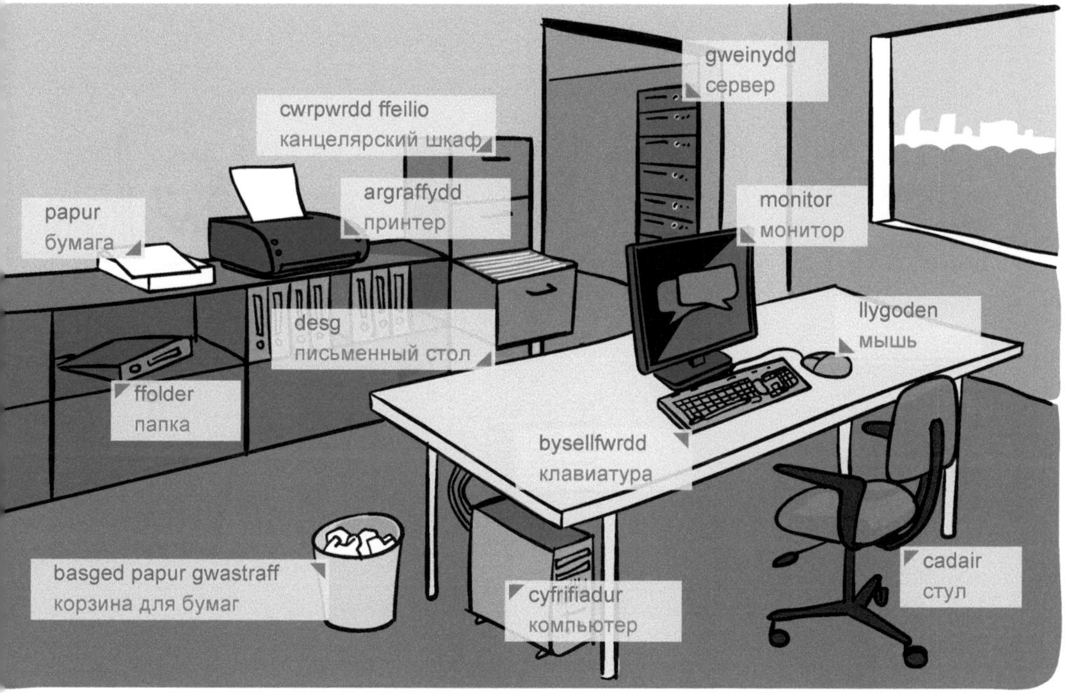

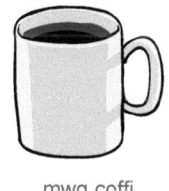

mwg coffi

кофейная кружка

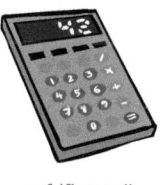

cyfrifiannell

калькулятор

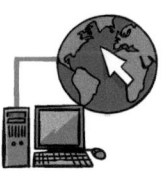

rhyngrwyd

интернет

gliniadur

ноутбук

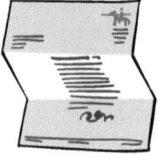

llythyr

письмо

neges

сообщение

ffôn symudol

мобильный телефон

rhwydwaith

сеть

llungopïwr

ксерокс

meddalwedd

программа

teleffon

телефон

soced plwg

розетка

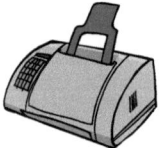

peiriant ffacs

факс

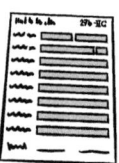

ffurflen

формуляр

dogfen

документ

prynu

покупать

talu

платить

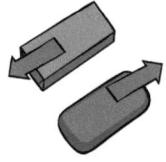

masnachu

торговать

arian

деньги

doler

доллар

ewro

евро

yen

иена

rwbl

рубль

ffranc y Swistir

франк

yuan renminbi

жэньминьби юань

rwpi

рупия

peiriant arian

банкомат

swyddfa gyfnewid

пункт обмена валюты

aur

золото

arian

серебро

olew

нефть

ynni

энергия

pris

цена

contract

договор

treth

налог

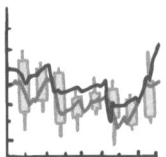

stoc

акция

gweithio

работать

cyflogai

служащий

cyflogwr

работодатель

ffatri

фабрика

siop

магазин

swyddi

профессии

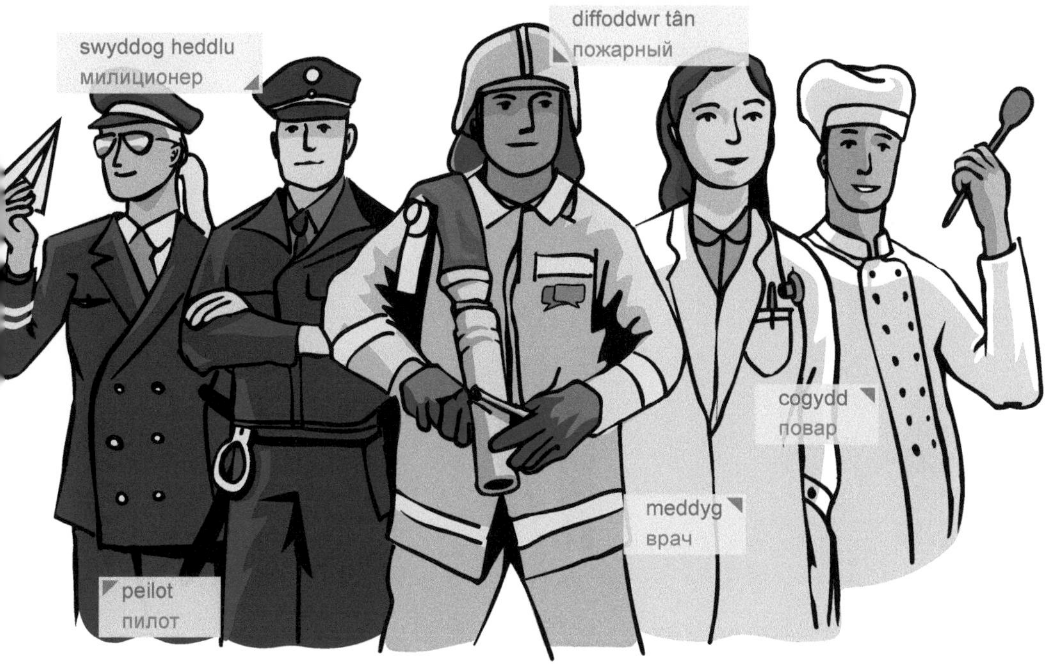
swyddog heddlu
милиционер
diffoddwr tân
пожарный
cogydd
повар
meddyg
врач
peilot
пилот

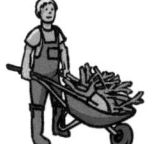

garddwr

садовник

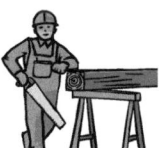

saer

столяр

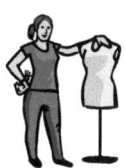

gwniadwraig

швея

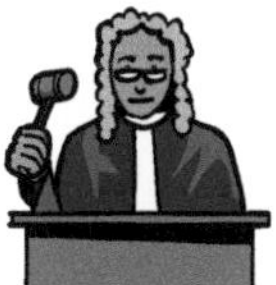

barnwr

судья

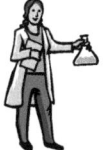

fferyllydd

химик

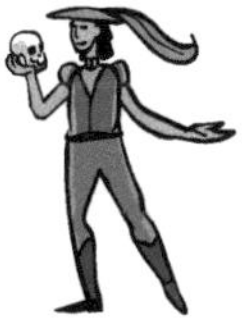

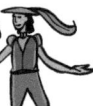

actor

актёр

gyrrwr bws

водитель автобуса

gyrrwr tacsi

таксист

pysgotwr

рыбак

glanhawraig

уборщица

töwr

кровельщик

gweinydd

официант

heliwr

охотник

paentiwr

художник

pobydd

пекарь

trydanwr

электрик

adeiladwr

строитель

peiriannydd

инженер

cigydd

мясник

plymiwr

сантехник

dyn y post

почтальон

milwr

солдат

pensaer

архитектор

ariannwr

кассир

gwerthwr blodau

флорист

triniwr gwallt

парикмахер

archwiliwr tocynnau
rheilffordd

кондуктор

mecanydd

механик

capten

капитан

deintydd

зубной врач

gwyddonydd

ученый

rabi

раввин

imam

имам

mynach

монах

clerigwr

священник

offer

инструменты

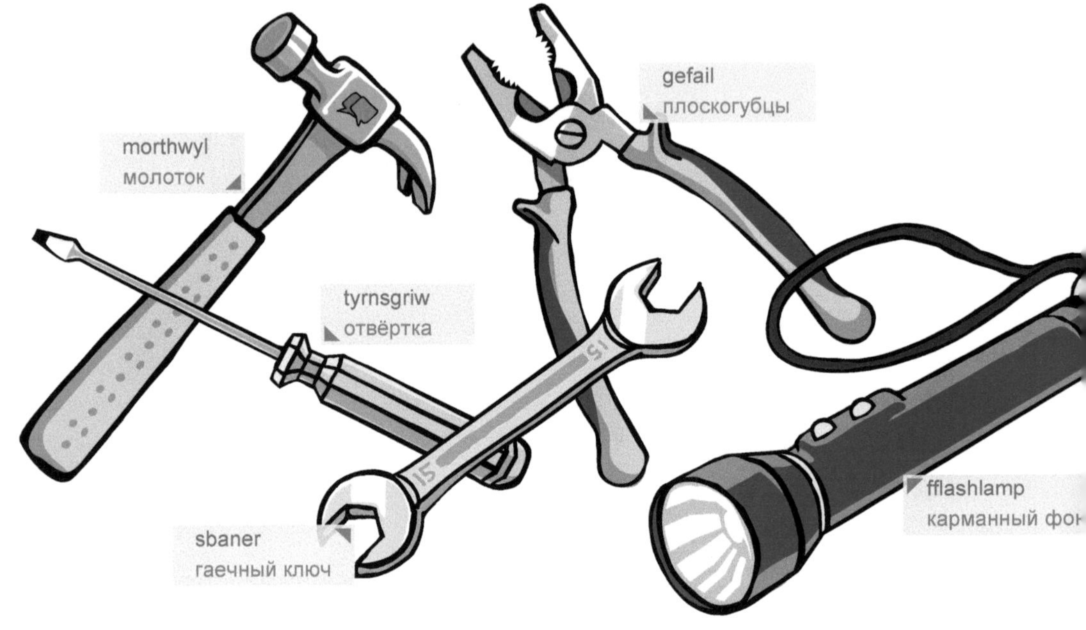
gefail
плоскогубцы
morthwyl
молоток
tyrnsgriw
отвёртка
fflashlamp
карманный фон
sbaner
гаечный ключ

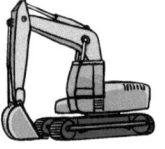

turiwr

экскаватор

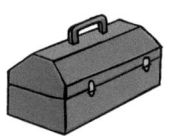

blwch offer

ящик для инструментов

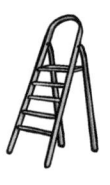

ysgol

стремянка

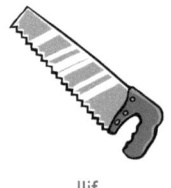

llif

пила

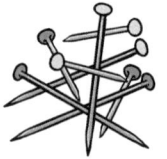

hoelion

гвозди

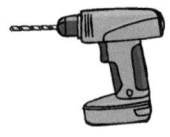

dril

дрель

trwsio

ремонтировать

rhaw

лопата

Daria!

Блин!

rhaw lwch

совок

pot paent

ведро с краской

sgriwiau

винты

offerynnau cerdd

музыкальные инструменты

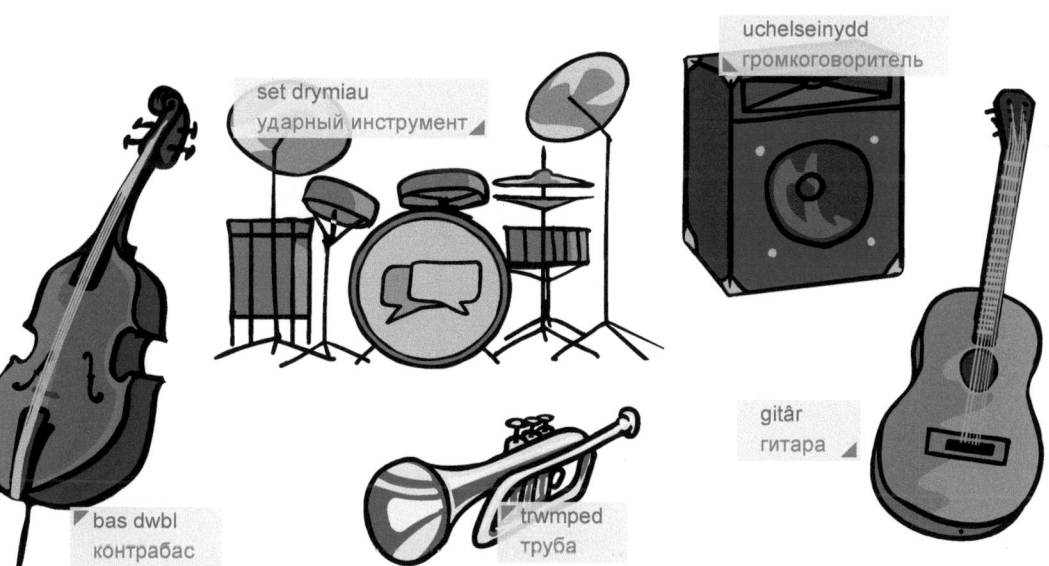

uchelseinydd
громкоговоритель

set drymiau
ударный инструмент

gitâr
гитара

bas dwbl
контрабас

trwmped
труба

piano

пианино

ffidil

скрипка

bas

бас-гитара

timpani

литавры

drymiau

барабан

cyweirfwrdd

синтезатор

sacsoffon

саксофон

ffliwt

флейта

meicroffon

микрофон

зоопарк

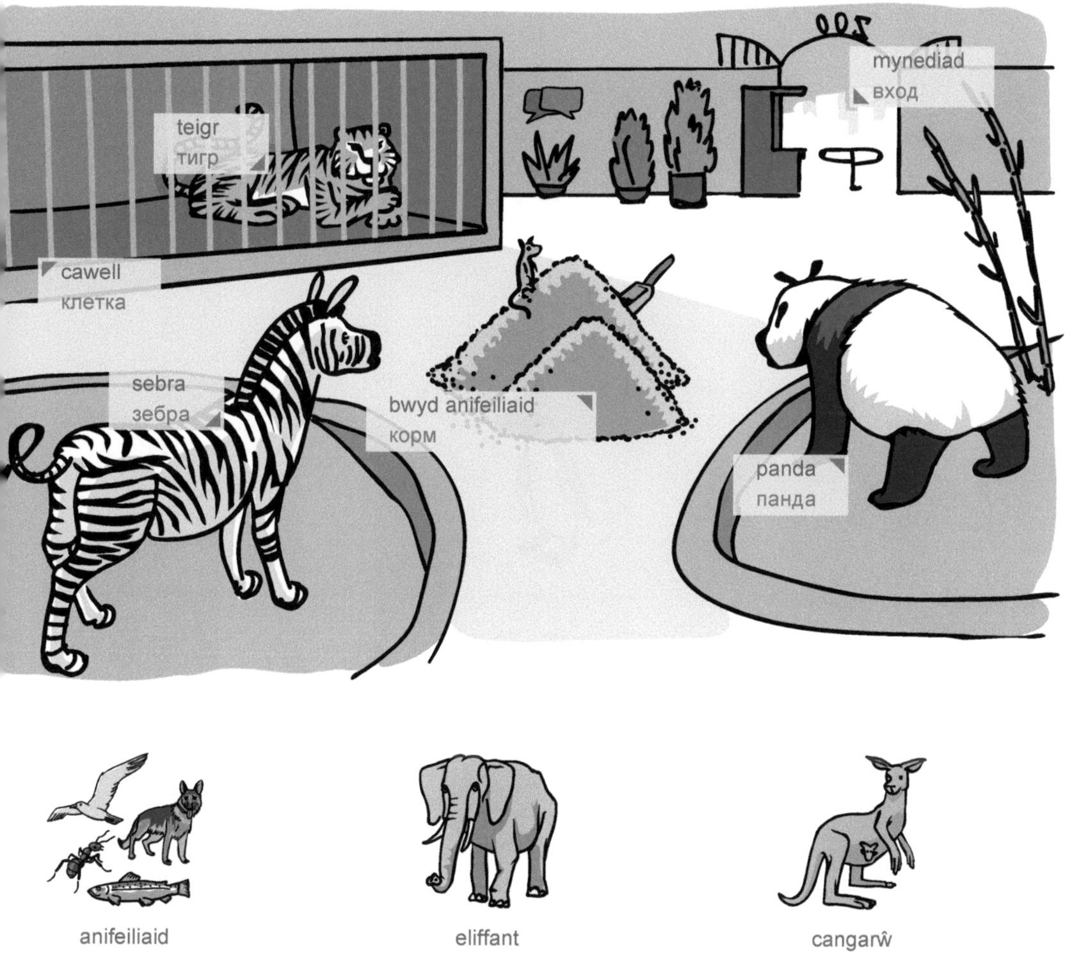
teigr
тигр
mynediad
вход
cawell
клетка
sebra
зебра
bwyd anifeiliaid
корм
panda
панда

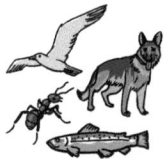

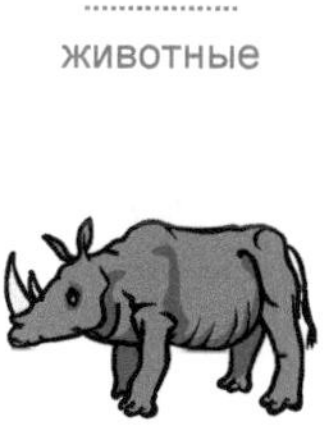

anifeiliaid

животные

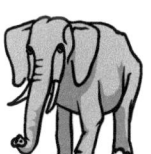

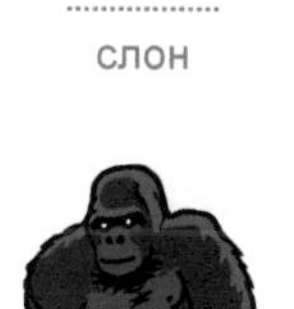

eliffant

слон

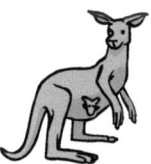

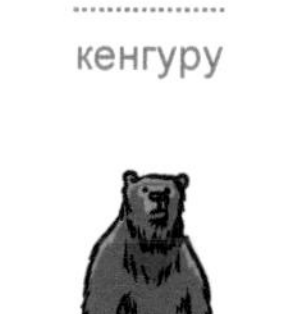

cangarŵ

кенгуру

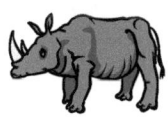

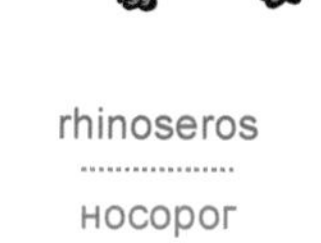

rhinoseros

носорог

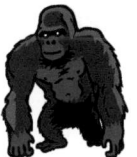

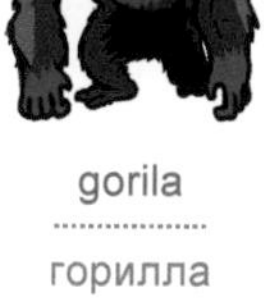

gorila

горилла

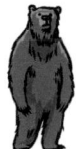

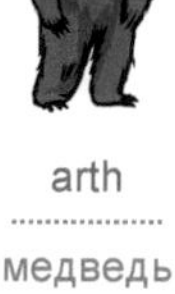

arth

медведь

camel

верблюд

estrys

страус

llew

лев

mwnci

обезьяна

fflamingo

фламинго

parot

попугай

arth wen

белый медведь

pengwin

пингвин

siarc

акула

paun

павлин

neidr

змея

crocodeil

крокодил

gofalwr sŵ

служитель зоопарка

morlo

тюлень

jagwar

ягуар

merlyn

пони

llewpard

леопард

hipo

бегемот

jiráff

жираф

eryr

орёл

baedd

кабан

pysgodyn

рыба

crwban

черепаха

walrws

морж

llwynog

лиса

gafrewig

газель

chwaraeon
спорт

pêl-droed America
американский футбол

beicio
езда на велосипеде

tennis
теннис

pêl-fasged
баскетбол

nofio
плавание

bocsio
бокс

hoci iâ
хоккей

pêl-droed

футбол

badminton

бадминтон

athletau

лёгкая атлетика

pêl-law

гандбол

sgïo

лыжный спорт

polo

поло

neidio
прыгать

chwerthin
смеяться

cofleidio
обнимать

cerdded
идти

canu
петь

breuddwydio
мечтать

gweddïo
молиться

cusanu
целовать

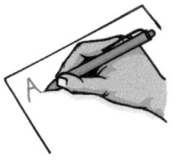

ysgrifennu

писать

tynnu

рисовать

dangos

показывать

gwthio

нажимать

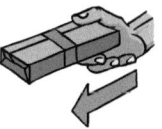

rhoi

давать

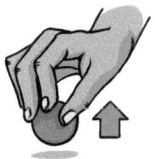

cymryd

брать

bod gan

иметь

gwneud

делать

bod

быть

sefyll

стоять

rhedeg

бежать

tynnu

тянуть

taflu

бросать

disgyn

падать

gorwedd

лежать

aros

ждать

cario

носить

eistedd

сидеть

gwisgo amdanoch

надевать

cysgu

спать

deffro

просыпаться

edrych ar

рассматривать

crïo

плакать

anwesu

гладить

cribo

причесывать

siarad

говорить

deall

понимать

gofyn

спрашивать

gwrando

слушать

yfed

пить

bwyta

кушать

tacluso

наводить порядок

caru

любить

coginio

готовить

gyrru

ехать

hedfan

летать

hwylio

ходить под парусом

cyfrifo

считать

darllen

читать

dysgu

учиться

gweithio

работать

priodi

вступать в брак

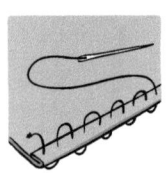

gwnïo

шить

brwsio dannedd

чистить зубы

lladd

убивать

ysmygu

курить

anfon

отправлять

teulu

семья

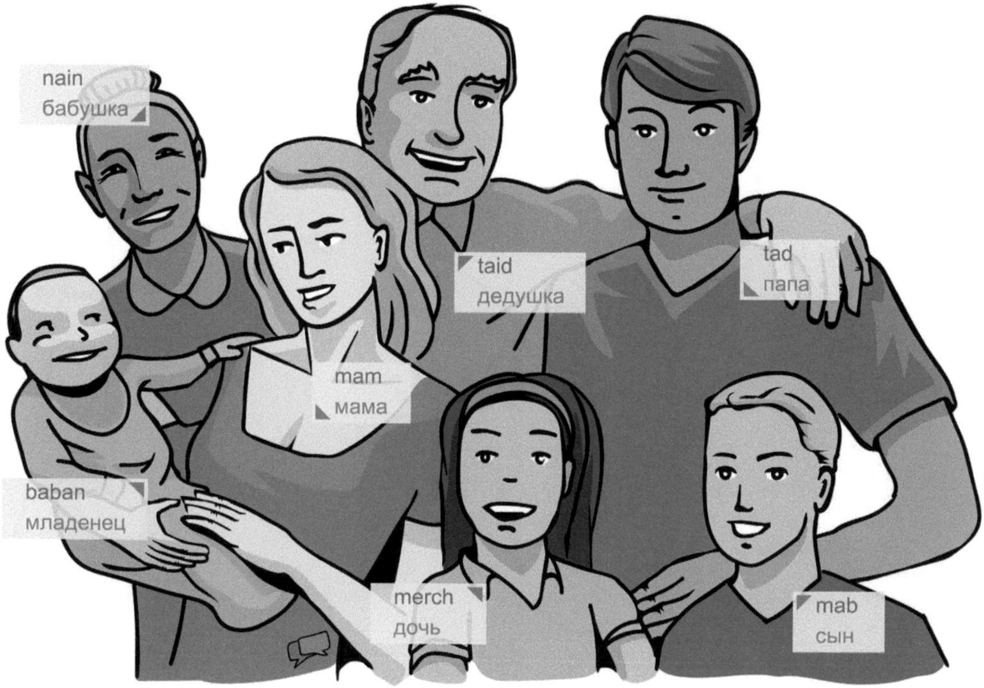
nain
бабушка
taid
дедушка
tad
папа
mam
мама
baban
младенец
merch
дочь
mab
сын

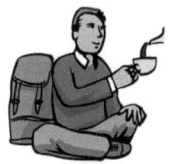

gwestai

гость

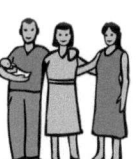

modryb

тетя

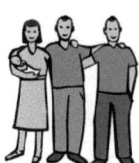

ewythr

дядя

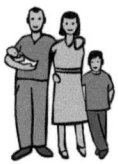

brawd

брат

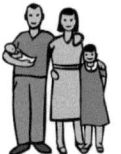

chwaer

сестра

corff

тело

talcen
лоб
llygad
глаз
ysgwydd
плечо
bys
палец
wyneb
лицо
gên
подбородок
llaw
кисть
coes
нога
bron
грудь
braich
рука

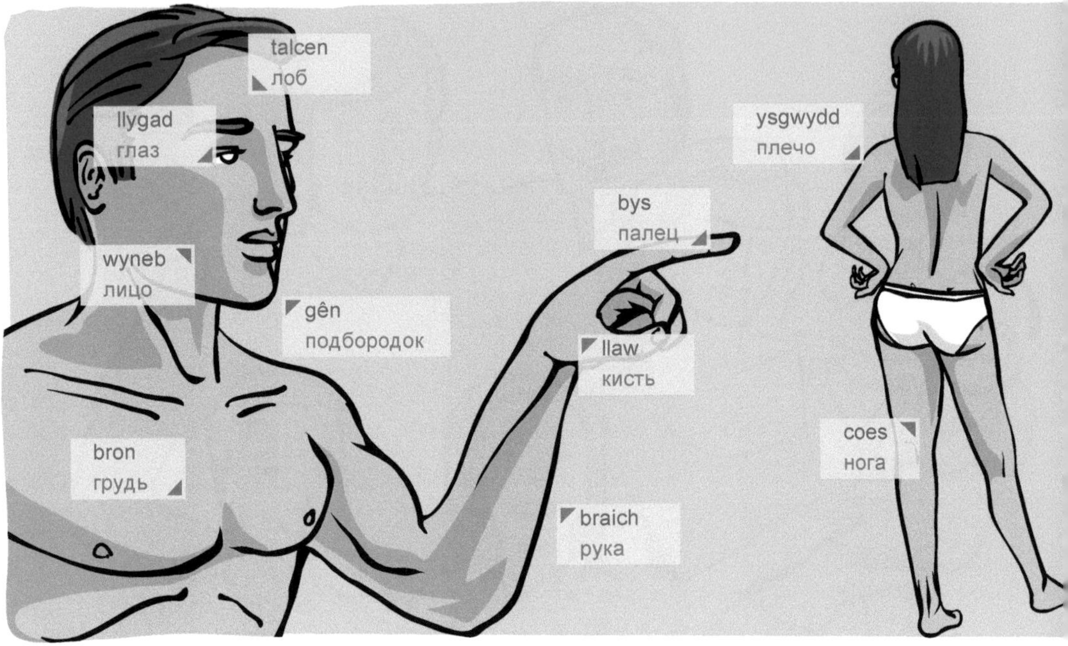

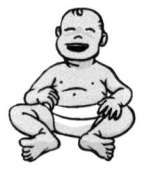

baban

младенец

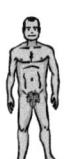

dyn

мужчина

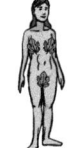

gwraig

женщина

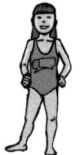

geneth

девочка

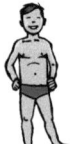

bachgen

мальчик

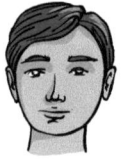

pen

голова

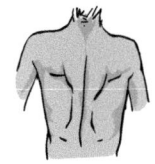

cefn

спина

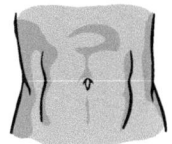

bel

живот

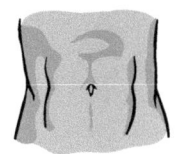

bogail

пупок

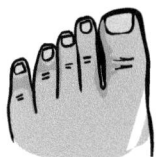

bys troed

палец ноги

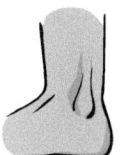

sawdl

пятка

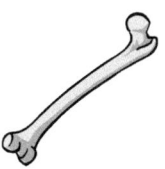

asgwrn

кость

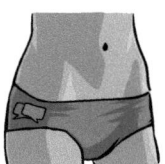

clun

бедро

pen-glin

колено

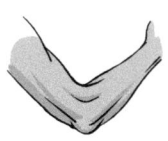

penelin

локоть

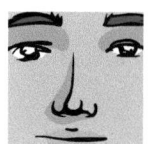

trwyn

нос

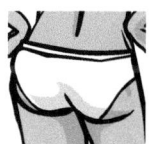

pen ôl

ягодицы

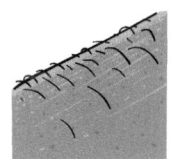

croen

кожа

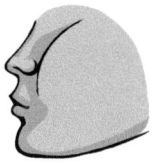

boch

щека

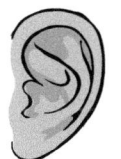

clust

ухо

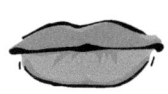

gwefus

губа

ceg

рот

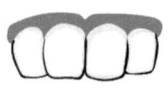

dant

зуб

tafod

язык

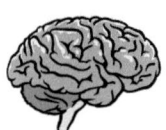

ymennydd

мозг

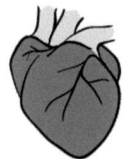

calon

сердце

cyhyr

мышца

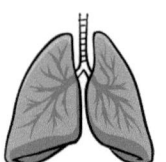

ysgyfaint

лёгкое

·iau

печень

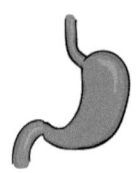

stumog

желудок

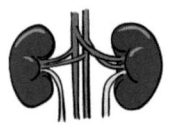

arennau

почки

rhyw

половой акт

condom

презерватив

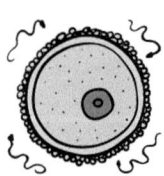

ofwm

яйцеклетка

semen

сперма

beichiogrwydd

беременность

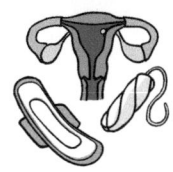

mislif
....
менструация

fagina
....
вагина

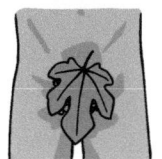

pidyn
....
пенис

ael
....
бровь

gwallt
....
волосы

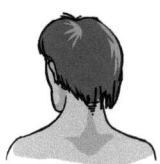

gwddf
....
шея

ysbyty
больница

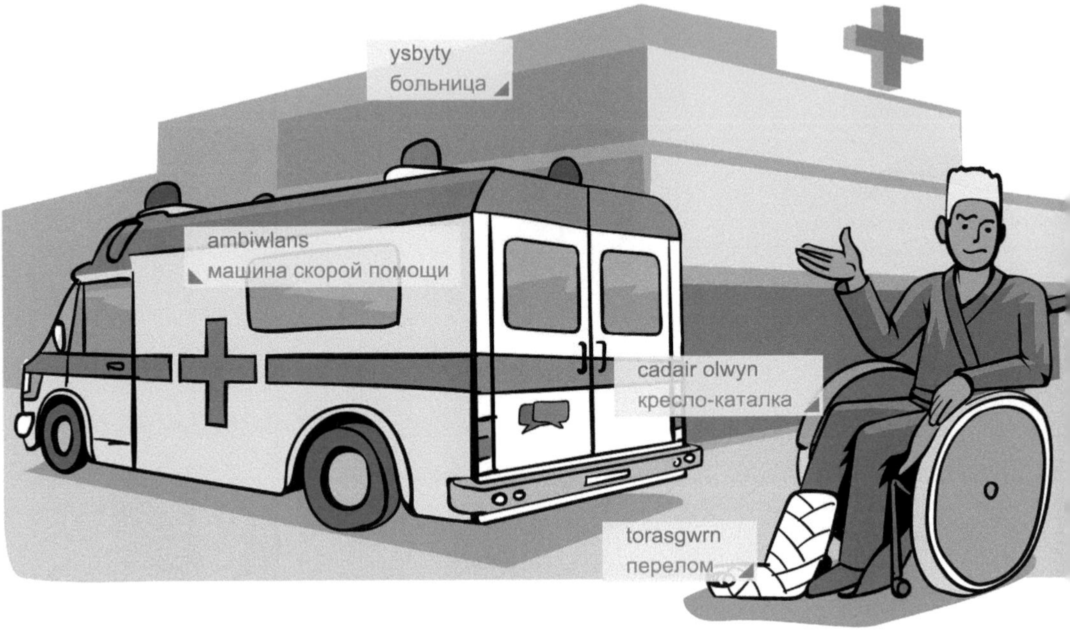

ysbyty
больница
ambiwlans
машина скорой помощи
cadair olwyn
кресло-каталка
torasgwrn
перелом

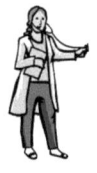

meddyg

врач

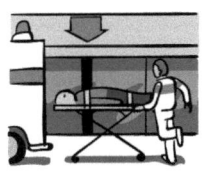

ystafell argyfwng

пункт первой помощи

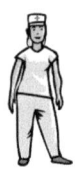

nyrs

медсестра

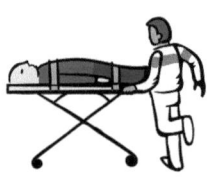

argyfwng

неотложный случай

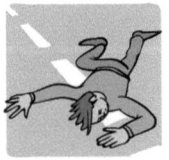

anymwybodol

без сознания

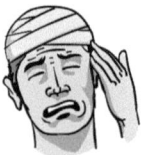

poen

боль

anaf

повреждение

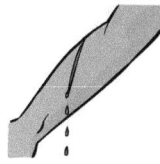

gwaedu

кровотечение

trawiad ar y galon

инфаркт

strôc

инсульт

alergedd

аллергия

peswch

кашель

twymyn

овышенная температура

ffliw

грипп

dolur rhydd

понос

cur pen

головная боль

canser

рак

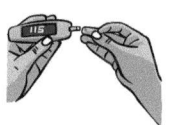

diabetes

диабет

llawfeddyg

хирург

fflaim

скальпель

gweithrediad

операция

CT
КТ

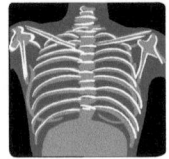

pelydr-x
рентген

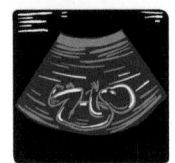

uwchsain
ультразвук

mwgwd wyneb
маска

clefyd
болезнь

ystafell aros
приёмная

bagl
костыль

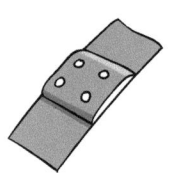

plastr
пластырь

rhwymyn
бинт

pigiad
укол

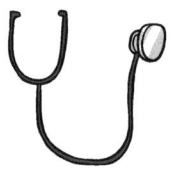

stethosgop
стетоскоп

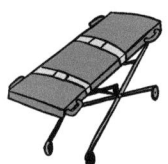

elorwely
носилки

thermomedr clinigol
термометр

genedigaeth
рождение

dros bwysau
избыточный вес

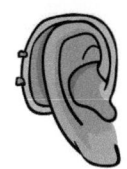

cymorth clyw

слуховой аппарат

diheintydd

дезинфекционное средство

haint

инфекция

firws

вирус

HIV / AIDS

ВИЧ / СПИД

meddygaeth

лекарство

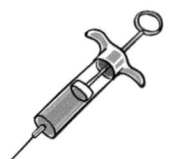

brechiad

прививка

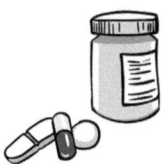

tabledi

таблетки

y bilsen

противозачаточная таблетка

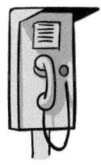

galwad frys

экстренный вызов

monitor pwysau gwaed

прибор для измерения кровяного давления

yn sâl / yn iach

больной / здоровый

Help!

Помогите!

larwm

сигнал тревоги

ymosodiad

нападение

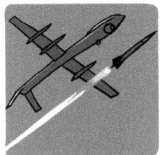

ymosodiad

атака

perygl

опасность

allanfa argyfwng

запасной выход

Tân!

Пожар!

diffoddwr tân

огнетушитель

damwain

несчастный случай

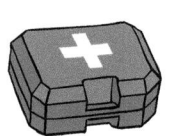

pecyn cymorth cyntaf

аптечка

SOS

SOS

heddlu

милиция

Ewrop

Европа

Gogledd America

Северная Америка

De America

Южная Америка

Affrica

Африка

Asia

Азия

Awstralia

Австралия

Iwerydd

Атлантический океан

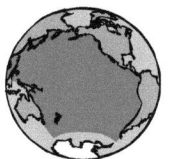

y Môr Tawel

Тихий океан

Cefnfor yr India

Индийский океан

Cefnfor yr Antarctig

Антарктический океан

Cefnfor yr Arctig

Северный Ледовитый
океан

Pegwn y Gogledd

Северный полюс

Pegwn y De

Южный полюс

Antarctica

Антарктика

y Ddaear

земля

tir

суша

môr

море

ynys

остров

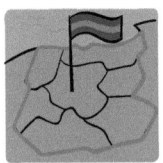

cenedl

нация

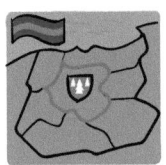

gwladwriaeth

государство

wyneb cloc

циферблат

bys awr

часовая стрелка

bys munud

минутная стрелка

bys eiliad

секундная стрелка

Faint o'r gloch yw hi?

Который час?

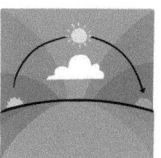

dydd

день

amser

время

yn awr

сейчас

cloc digidol

электронные часы

munud

минута

awr

час

wythnos

неделя

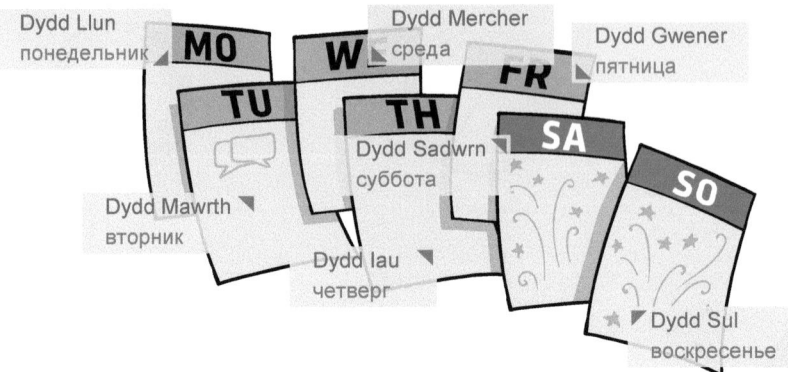

Dydd Llun
понедельник

Dydd Mercher
среда

Dydd Gwener
пятница

Dydd Mawrth
вторник

Dydd Sadwrn
суббота

Dydd Iau
четверг

Dydd Sul
воскресенье

ddoe

вчера

heddiw

сегодня

yfory

завтра

bore

утро

canol dydd

полдень

noswaith

вечер

diwrnodiau busnes

рабочие дни

penwythnos

выходные

glaw
дождь

enfys
радуга

eira
снег

gwynt
ветер

gwanwyn
весна

hydref
осень

haf
лето

gaeaf
зима

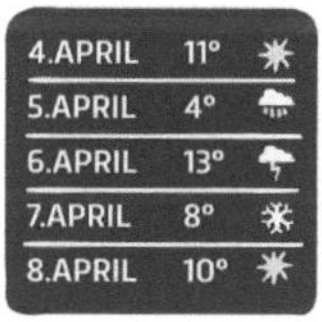

4.APRIL	11°	☀
5.APRIL	4°	☁
6.APRIL	13°	☔
7.APRIL	8°	☀
8.APRIL	10°	☀

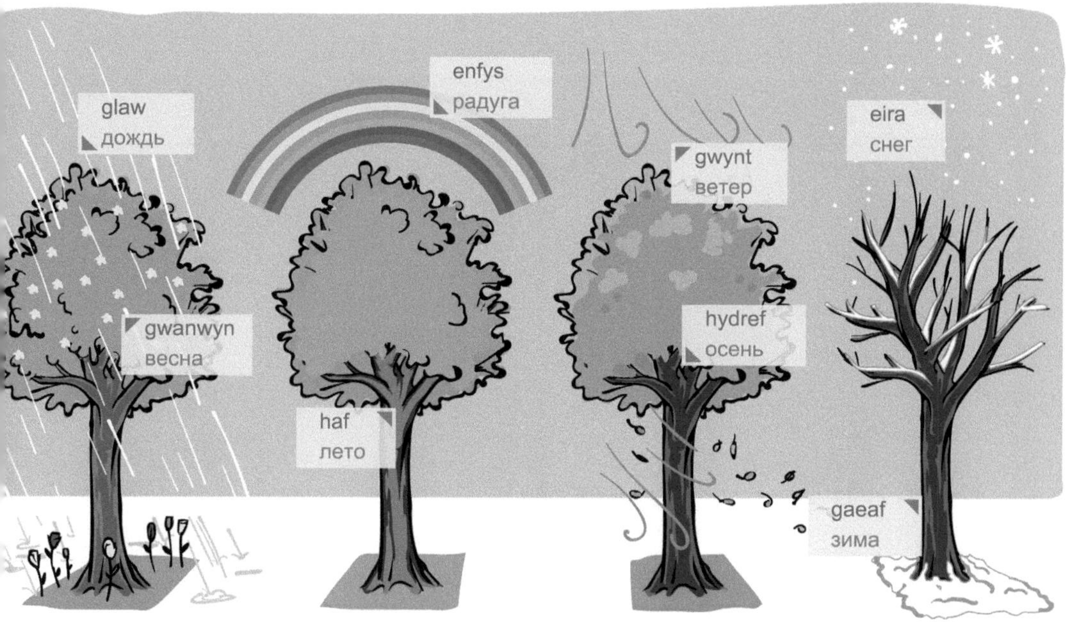

rhagolygon y tywydd

прогноз погоды

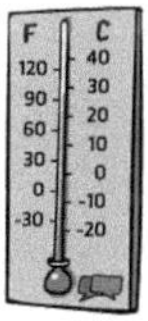

thermomedr

термометр

heulwen

солнечный свет

cwmwl

туча

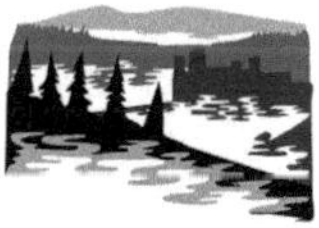

niwl tew

туман

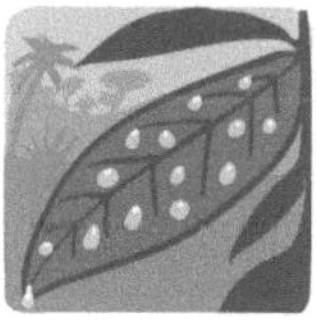

lleithder

влажность воздуха

mellt

молния

taranau

гром

storm

буря

cenllysg

град

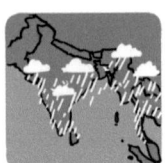

monsŵn

муссон

llif

наводнение

iâ

лёд

Ionawr

январь

Chwefror

февраль

Mawrth

март

Ebrill

апрель

Mai

май

Mehefin

июнь

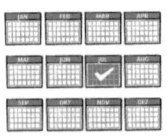

Gorffennaf

июль

Awst

август

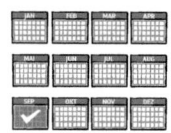

Medi

сентябрь

Hydref

октябрь

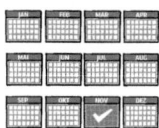

Tachwedd

ноябрь

Rhagfyr

декабрь

siapiau
формы

cylch

круг

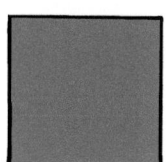

sgwâr

квадрат

petryal

прямоугольник

triongl

треугольник

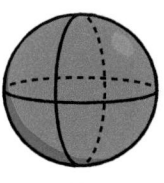

sffêr

шар

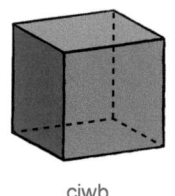

ciwb

куб

gwyn

белый

melyn

желтый

oren

оранжевый

pinc

розовый

coch

красный

porffor

лиловый

glas

синий

gwyrdd

зелёный

brown

коричневый

llwyd

серый

du

черный

llawer / ychydig
....
много / мало

dig / tawel
....
яростный / мирный

hardd / hyll
....
красивый / уродливый

dechrau / diwedd
....
начало / конец

mawr / bach
....
большой / маленький

llachar / tywyll
....
светлый / темный

brawd / chwaer
....
брат / сестра

glân / budr
....
чистый / грязный

gyflawn / anghyflawn
....
полный / неполный

dydd / nos
....
день / ночь

farw / yn fyw
....
мёртвый / живой

eang / cul
....
широкий / узкий

bwytadwy / anfwytadwy

съедобный / несъедобный

drwg / caredig

злой / дружелюбный

llawn cyffro / diflasu

взволнованный /
скучающий

tew / tenau

толстый / худой

cyntaf / olaf

сначала / в конце

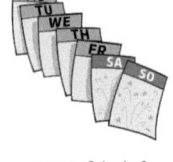

cyfaill / gelyn

друг / враг

llawn / gwag

полный / пустой

caled / meddal

твёрдый / мягкий

trwm / ysgafn

тяжёлый / легкий

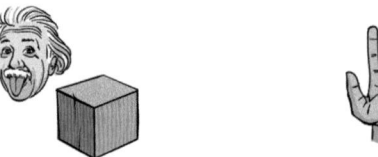

wedi newynnu / yn sychedig

голод / жажда

yn sâl / yn iach

больной / здоровый

anghyfreithlon / cyfreithiol

незаконный / законный

deallus / twp

умный / глупый

chwith / dde

слева / справа

agos / pell

близко / далеко

hewydd / wedi'i ddefnyddio

новый / подержанный

dim / rhywbeth

ничто / нечто

hen / ifanc

старый / молодой

ymlaen / i ffwrdd

включено / выключено

ar agor / ar gau

открыто / закрыто

tawel / uchel

тихо / громко

cyfoethog / tlawd

богатый / бедный

cywir / anghywir

правильный /
неправильный

garw / llyfn

шероховатый / гладкий

trist / hapus

печальный / счастливый

byr / hir

короткий / длинный

araf / cyflym

медленный / быстрый

gwlyb / sych

мокрый / сухой

cynnes / claear

тёплый / прохладный

rhyfel / heddwch

война / мир

0

sero

ноль

1

un

один

2

dau

два

3

tri

три

4

pedwar

четыре

5

pump

пять

6

chwech

шесть

7

saith

семь

8

wyth

восемь

9

naw

девять

10

deg

десять

11

un deg un

одиннадцать

12

un deg dau

двенадцать

13

un deg tri

тринадцать

14

un deg pedwar

четырнадцать

15

un deg pump

пятнадцать

16

un deg chwech

шестнадцать

17

un deg saith

семнадцать

18

un deg wyth

восемнадцать

19

un deg naw

девятнадцать

20

dau ddeg

двадцать

100

cant

сто

1.000

mil

тысяча

1.000.000

miliwn

миллион

Saesneg

английский

Saesneg America

американский английский

Tsieinëeg Mandarin

мандаринский китайский

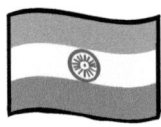

Hindi

хинди

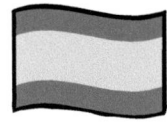

Sbaeneg

испанский

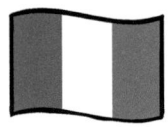

Ffrangeg

французский

Arabeg

арабский

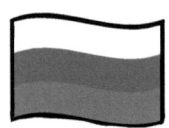

Rwseg

русский

Portiwgaleg

португальский

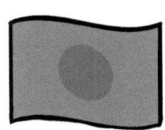

Bengali

бенгальский

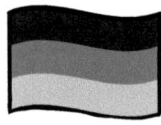

Almaeneg

немецкий

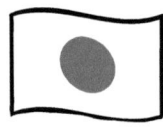

Siapanaeg

японский

fi

я

ti

ты

ef / hi

он / она / оно

ni

мы

chi

вы

nhw

они

pwy?

кто?

beth?

что?

sut?

как?

ble?

где?

pryd?

когда?

enw

имя

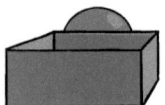

y tu ôl i

за

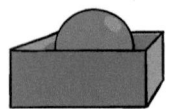

yn / yng / ym / mewn

в

o flaen

перед

dros

над

ar

на

dan

под

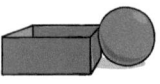

wrth ochr

рядом

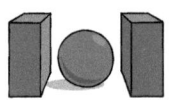

rhwng

между

lle

место